AF280203

Funda R. Özbay

Jahreszeiten

Gedichte 2009

© 2009 Funda R. Özbay
Herstellung und Verlag: Books on Demand GmbH,
Norderstedt
ISBN: 978-3-8391-0277-0

Inhaltsverzeichnis

Frühling

Ohne viele Worte
        erobert er das Mädchenherz
Für die Liebe bleibt da keine Zeit
        drum lässt er sie zurück
                mit ihrem Schmerz
Es tat ihm vielleicht ja auch leid
        er wollt's nicht so weit kommen lassen
Mehr als Freundschaft wollte er nicht,
        selbst das war zu viel,
                denn kennt sie ihn,
                        würde sie ihn hassen
Sympathisch kann er sein,
        ehrlich aber kaum
Findet seine große Liebe nicht,
        oder jagt er seinen Traum?
Endlos auf der Suche
        bricht er Herzen in tausend Stücke
                Hofft er,
Scherben bringen ihm Glück?
        Doch fehlt ihm etwas,
                guckt er zurück und
                        ist traurig und allein

Sommer

Du siehst mich an
und ich frag mich,
was du denkst

Mein Herz rast wie verrückt,
als deine warme Hand,
mein Gesicht berührt

Du lächelst mich an
und ich frag mich,
warum du bei mir bist

Mein Herz rast wie verrückt,
als du mich küsst
und mich an dich drückst

Du stiehlst mein Herz

und ich lasse es zu

Herbst

Fallende Blätter
um mich herum
wie Tränen in den Nächten
ohne dich

Tiefe Gefühle
in mir drin
wie schöne Erinnerungen,
die ich bewahre

Wieso siehst du mich nicht?

Winter

Stumm
aus Angst,
nicht das Richtige
zu sagen
Gelähmt,
weil die Liebe
des Lebens nahe ist
Was tun,
wenn die Lüge
schöner klingt
als die Wahrheit?

Das Risiko

Er weiß nicht,
was er will
Doch tut er so als ob

Er weiß nicht,
was er tun soll,
obwohl er sieht,
was richtig ist und falsch

Er weiß nicht,
was er sagen soll,
drum lügt er einfach so

Er ist in meinem Leben
das Risiko

Die Herausforderung

Mit seinen
blauen Augen
sieht er sie
Die Herausforderung
in blutrot
Er nähert sich
fest entschlossen
sie anzunehmen
Die Herausforderung,
die sonst niemand sieht
Ein Raum
voll mit Gold,
und er
findet das einzige Buch

Das Paar

Sie geht ihren Weg
und schaut nicht zurück
Sie lässt das Geschehene ruhn
und sucht

Er rennt ins Ungewisse
und jagt seinen Ziel
Er will nicht vergessen
und schon gar nicht verlieren

Sie ist in ihn verliebt
aber er träumt von mehr
Sie würde um ihn kämpfen
aber sein Herz scheint leer

Er sucht sie sein Leben lang
und findet sie zu spät
Er behält sie nur kurz
und er erntet, was er sät

Kein Recht

Ich darf dich fragen,
wie es dir geht
Aber ich darf nicht wissen,
warum

Ich darf dich fragen,
was du so machst
Aber ich darf nicht wissen,
was du denkst,
wenn ich vor dir stehe

Ich darf dich fragen,
ob wir uns mal treffen
Aber ich darf nicht wütend sein,
wenn du nicht kommst

Ich kann dir sagen,
dass ich in dich verliebt bin
Aber ich darf nicht viel von dir erwarten,

denn ich hab kein Recht dazu

Nackt

Eisig kalt
im Januar
Barfuß im Schnee
Das Risiko
vor Augen
Mutig
trotz Angst
öffne ich
mein Herz dir
Und nichts tut mehr weh
als deine Worte
danach

Warum

Warum sollten wir
uns nicht sehen,
obwohl das
mein größter Wunsch ist?

Warum sollten wir
uns nicht umarmen,
obwohl ich mich
danach sehne?

Warum sollten wir
uns nicht küssen,
obwohl es für mich
das aller Größte wär?

Weil's kein schönes Gefühl ist,
alleine verliebt zu sein

Nähe

Siehst du mich,
wenn ich vor dir stehe?

Ich bin glücklich, wenn du lächelst

Hörst du mich,
wenn ich nach dir rufe?

Ich liebe dich so wie du bist

Fühlst du mich,
wenn ich deine Hand halte?

Ich vermisse dich so sehr, dass es wehtut

Schmeckst du mich,
wenn ich dich küsse?

Ich denk an dich mein ganzes Leben lang

Kuss

Für dich
würde ich nicht
durchs Feuer gehen

Aber eine Tomate würde ich essen

Für dich
würde ich nicht
lügen

Aber anfangen Kaffee zu trinken

Für dich
würde ich keine
Zigarette rauchen

Aber ein Glas Whiskey mit dir trinken

Für dich
würde ich nicht
von der Brücke springen

Aber mit dir meine Heimatstadt verlassen

Für dich
würde ich nicht
morden

Aber in die Welt hinausschreien,
dass ich dich jeden Morgen
mit einem Kuss aufwecken will

Schutzschild

Komme ich ihm entgegen,
hält er an,
vermeidet jede Möglichkeit
einer Berührung
Aus Angst,
ich würde zerspringen
wie Glas

Komme ich ihm zu nah,
weicht er zurück
Er denkt,
er würde sich
die Finger verbrennen,
wenn er mich nur antippt

Er denkt,
ich hätte ein Schutzschild
um mich herum,
das ihn von mir abhält

Ich denke,
er hat ein Schutzschild
um sich herum,
das er aktiviert,
jedesmal,
wenn wir uns begegnen

Ohne Worte

Er braucht nur
seine Hand zu reichen

Ich würde nach ihr greifen

Er braucht sich nur
mir zu nähern

Ich würde ihn in meine Arme schließen

Er braucht mich
nur zu fragen

Ich würde zu allem ja sagen

Jahreszeiten

Meinen Frühling
möchte ich mit dir
an meiner Seite willkommen heißen

Meinen Sommer
möchte ich mit dir
gemeinsam am Strand verbringen

Meinen Herbst
möchte ich mit dir
in unserem Zuhause erleben

Meinen Winter
möchte ich mit dir
am Kamin kuschelnd beenden

Meine Jahreszeiten
möchte ich mit dir teilen

Absicht

Ich lass alles
stehen und liegen,
wenn du mir sagst,
dass du mich magst

Ich werde dich
von ganzen Herzen lieben,
wenn du bei mir bist
und mich küsst

Ich würde vieles tun
nur für dich,
denn du bedeutest
die Welt für mich

Mein Morgen

Nur um deine Stimme
zu hören,
würde ich stundenlang
schweigen

Du wärst meine Musik

Dich nur kurz zu sehen,
würde mich aufatmen lassen,
wenn ich beunruhigt bin

Du wärst meine Medizin

Nur zu wissen,
dass es dich gibt,
rettet mir jeden
miesen Tag

Du wärst mein Morgen
und meine Nacht
mein ganzes Leben lang

Wirkung

Eine Berührung
von dir
lässt
mein Herz
höher schlagen

Ein Kuss
von dir
lässt
mich an nichts
anderes mehr denken

Ein Wort
von dir
und ich
lass mich fallen

Was tust du
nur
mit mir?

Das erste Mal

Der erste Tag,
an dem ich dich sah
ist mein Lieblingsfeiertag
im Jahr

Das erste Lächeln,
das ich in deinem Gesicht sah,
machte mich glücklich
Gott, wie nervös ich doch war

Das erste Mal,
wo du meine Hand gehalten hast,
ließ mich zittern am ganzen Leib
Bis ich dich hatte, starb ich fast

Der erste Kuss,
den wir genossen,
ließ mich träumen von noch mehr
Ich fing an zu leben, ich liebte dich so sehr

Das erste Mal
war wie Silvesternacht
und Neujahr
Ich lag in deinen Armen und fühlte mich sicher
Gott, wie verliebt ich doch war

Sonne

Das erste Sonnenlicht
am Morgen

ist bedeutungslos für mich,

wenn du nicht
neben mir liegst

und siehst,

dass ich nicht mehr
leben will ohne dich

Mond

Ein Kuss
in der Stille
der Nacht

    Der uns zu
    Opfern macht

Liebevolle
Umarmungen
ergänzen
den Moment

    An einem Ort,
    wo uns niemand kennt

Das Licht
des Mondes
verführt uns zu
noch mehr

    Sein Herz
    ist doch nicht leer

Sterne

Liebesbeweise
unterm
Sternenhimmel

    Ein Traum wird wahr

Das Meer
spielt
die Musik

    Wir tanzen zu unserem Lied

Der Mond
spendet
Licht

    Lässt uns vergessen,
    was uns umgibt

Istersen

Sen istersen
giderim ve
dönmem
ama kalbim kanar

Sen istersen
kalirim ve
ayrilmam
yüzüm her gün güler

Sen istersen
seninlen yasarim
Sen istersen
sensiz ölürüm

12 Versprechungen

Ich werde dich niemals am Telefon fragen,
was du im Moment machst.

Ich werde dich niemals fragen,
wohin du gehst oder wann du wieder
zurückkommst.

Ich werde dich nur mit einem Kuss
aus dem Haus gehen lassen
und dich mit einem Kuss empfangen.

Ich werde dich niemals bei einem Fußballspiel,
das im Fernsehen läuft,
stören und dich darum bitten wegzuschalten.
Aber ich werde auch nie mit dir
zu einem Fußballspiel ins Stadion gehen.

Ich werde dich niemals darum bitten mit mir
stundenlang im Einkaufszentrum herum zu laufen.
Aber ich werde es zu schätzen wissen,
wenn du mich zum Supermarkt begleitest.

Ich werde dich nicht um Erlaubnis fragen,
wenn ich etwas mit meinen Freundinnen unternehmen
möchte,
aber ich werde dich informieren,
wohin ich gehe und mit wem.

Ich werde niemals erwarten,
dass du deinen Glauben für mich aufgibst,
sondern ihn respektieren.

Ich werde für dich kochen und backen,
aber ich werde von dir erwarten, dass du
Dosen und Flaschen für mich öffnest.

Ich werde keine Geschenke zum Valentinstag
wünschen, nur dich in meiner Nähe.

Falls du dich für Computerspiele interessierst,
werde ich dafür sorgen, dass sie dir langweilig werden.

Qual

Quäle mich Tag um Tag
    Zähle die Minuten ohne dich
Um bei dir zu sein und in deinen
    Armen zu liegen würde
Ich vieles tun, denn ich liebe dich

Nichts wünsche ich mir sehnlicher,
    als deine Lippen auf meine zu fühlen
Träumen will ich wirklich nicht mehr,
    und schon gar nicht
Ohne dich leben, denn ich liebe dich zu sehr

Rätsel

Er ist
wie ein umfangreiches
Rätselbuch
ohne einen
Lösungsteil zum Schluss
Man bräuchte
ein ganzes Leben,
um die richtigen Antworten
zu finden
Die Suche
würde nicht nur
sehr interessant sein,
sondern auch ein Vergnügen
Und sie wäre
meine Zeit wert,
weil er es wert ist

Feiertag

Der Tag,
wo man dich zu sehen bekommt,
ist wie ein Feiertag:
man wartet
ungeduldig und gespannt
auf ein seltenes Ereignis,
freut sich, wenn es soweit ist und
wenn's vorbei ist,
denkt man schon
an das nächste Mal

Schwer

Es ist nicht leicht,
dich zu vergessen,
du schwirrst mir immer noch
durch den Kopf

Es fällt mir nicht leicht,
dich zu vergessen,
nachdem du einmal
in mein Leben tratst

Es ist schwer,
dich loszulassen,
nachdem du sogar
mein Herz gebrochen hast

Und jeden Tag
versuche ich seither
zu vergessen,
dass du mir auch die Freude nahmst

Einmal zuviel

Es war einmal zuviel,
dass du mein Herz gebrochen
und mich verletzt hast
Mehr ertrage ich nicht

Es war einmal zuviel,
dass du mich enttäuscht
und im Stich gelassen hast
Mehr ertrage ich nicht, das reicht

Es war einmal zuviel,
dass du mich angelogen
und gedemütigt hast
Mehr ertrage ich nicht, das war's

Tag für Tag

Noch ein Tag,
an dem wir uns begegnen
Die selbe Bahn,
der selbe Zug,
der selbe Weg zur Arbeit

Noch ein Tag,
an dem wir nicht
miteinander reden,
kein Hallo, kein Guten Morgen,
kein Tschüss,
nicht einmal ein Lächeln im Gesicht

Noch ein Tag,
an dem ich mich frage,
warum du mich ignorierst
und an mir vorbei gehst einfach so
und es morgen wieder das Gleiche tust

Würdest du sterben, wenn du mich begrüßt?

Nichts

Frag mich nicht mehr,
wie es mir geht,
wenn dich die Antwort
gar nicht interessiert

Frag mich nicht mehr,
ob du mir helfen kannst,
wenn wir zwei doch wissen,
dass du es gar nicht tun würdest

Sag nicht mehr,
du würdest dich freuen,
wenn wir uns sehen,
ich weiß längst, dass es nicht stimmt

Sag nicht mehr,
du würdest alles wieder gut machen,
denn ich würde es dir
nicht mehr glauben

Sag nicht mehr,
du wärst bei mir, wann immer
ich dich brauche,
wenn du doch lieber
bei einer anderen wärst

Sag am Besten gar nichts mehr
zu mir,
denn rate mal,
wieviel mir dein Wort
inzwischen wert ist

Gift

Unachtsam
hab ich mich
ihm genähert,
dachte, es passiert schon nichts

Wollte sein
Vertrauen gewinnen,
dachte, mit ihm könnte man
Freundschaft schließen

Anders als ich bin
hab ich mich
verhalten,
dachte, es käme ihm gelegen

Ohne es zu wollen,
schaffte er es,
dass ich mich verliebe,
dachte, ich könnt's riskieren

Nun fließt sein Gift
unaufhaltsam
durch meine Venen
Er kann nichts dafür, dachte,
die Heilung kommt,
wenn er verschwindet.

Aber da irrt er sich

Zu Verschenken

„Erinnerungen an dich"
Enstanden und gesammelt
zwischen März 2007 und Oktober 2009
Gebraucht, aber in bestem Zustand
Lieferung erfolgt umgehend nach Interesse
per Tagebuch-Versand
oder auf Wunsch persönlich
per Gedankenübertragung
Rückgabe ist unmöglich und unerwünscht
Garantie ist ausgeschlossen

Unfreiwillig

Ich weiß nicht
warum ich an dich denke,
wenn ich meinem Freund
in die Augen sehe

Ich weiß nicht
warum ich mir
deine Nähe wünsche,
wenn mein Freund
mich in seine Arme nimmt

Ich weiß nicht
warum ich von dir träume,
wenn mein Freund
neben mir liegt und mir sagt,
dass er mich liebt

Ich weiß nicht
warum du immer noch
in meinem Kopf bist
obwohl ich dich
nicht mehr will

Wissen

Du tust mir nicht gut
Trotzdem will ich dich wiedersehen
Gott weiß, warum
Ich weiß es nicht

Du tust mir nicht gut
Trotzdem will ich dich bei mir haben
Ich kann es nicht erklären
Weder dir noch mir

Verrückt

Wenn ich gewusst hätte,
dass du ein Lügner bist,
hätte ich mich trotzdem
in dich verliebt,
denn es hat sich schön
angehört, als du sagstest,
dass du mich magst

Wenn ich gewusst hätte,
dass du ein Heuchler bist,
hätte ich trotzdem
deine Nähe gewünscht,
denn es hat sich richtig
angehört, als du sagtest,
dass du brutal ehrlich bist

Wenn ich gewusst hätte,
dass du ein Feigling bist,
wäre ich trotzdem
bei dir geblieben,
denn ich dachte,
du bist ein Mann,
der zu dem steht, was er sagt

Wenn ich gewusst hätte,
dass du ein Idiot bist,
würde ich trotzdem
stetst an dich denken
denn nur eine Verrückte
verliebt sich in einen
Lügner, Heuchler,
Feigling und einen Idioten

Fehler

Ein Hallo von dir
machte mich schon glücklich
und nervös zugleich
Dir zu antworten,
war der erste Fehler von vielen
in diesem Jahr
Doch ich tat es
mehr aus Interesse als aus Neugierde

Ein Blick von dir
machte mich schon zufrieden
und nervös zugleich
Mich nochmals
in dich zu verlieben,
war der zweite Fehler von vielen
in diesem Jahr
Doch icht tat es
Es tut mir leid, kommt nicht wieder vor

Ein Wort von dir
konnte mich glücklich machen
oft aber auch traurig
Dir zu glauben,
war der dritte Fehler von vielen
in diesem Jahr
Doch ich tat es
und bereue es nun. Ich geb Acht,
ich werds nicht wieder tun

Fern

Du warst mir fern
von Anfang an

Ich verstand nicht
warum

suchte deine Gründe,

noch mehr Fragen,
noch mehr Zweifel

Eine falsche Vorstellung
von Anfang an

Wärst du mir doch nicht
fern geblieben,

dann hättest du
mich verstanden

und ich dich

Rat

Sag ihm nicht,
du würdest dich freuen,
ihn zu sehen

Er wird es
falsch verstehen

Lade ihn nicht
zu dir ein

Es könnte
dein größter Fehler sein

Versuche nicht,
ihm deine Liebe zu schildern

Du würdest
ihn überfordern

Und wenn du
ihn wirklich magst

Pass auf
was du sagst

Unmöglich

Ich will nicht mehr
an dich denken
aber dein Name
taucht überall auf

Ich will nicht mehr
von dir träumen
aber es ist unmöglich
dies zu ändern

Ich will dich
nicht mehr sehen
aber ich schaffe es nicht
dich zu vergessen

Yanliz

Kendi evinde
yasamak,
kendi koltugunda
oturmak,
kendi televziyonu
hic kimseye
sormadan
her seye bakmak

Istedigin yere
gitmek
istedigin kadar
kalmak
hic kimseye
sormadan
her yerde eglenmek

Kendi kuralarina göre
yasamak,
kendi secimlerinin arkasinda
durmak
Istedigin yere
gezmek
hic kimseyi bekletmeden
hayatini gecirmek

Istedigin insanlarlan
tanismak,
sevismek,
beraber olmak
hic kimse ile
tartismamak,
dertlesmemek
ask ve gönül acikligi
paylasmamak

özgürlük degil bu,
canim benim

Yanlizlik

Desmond

Desmond rennt auf dich zu,
wenn du nach ihm rufst.
Er lässt sich durch nichts ablenken,
hat nur dich im Blick

Seine süße Stimme könnte
jedem starken Mann das Herz erweichen,
die Herzen der Frauen im Sturm erobern
wenn er es nicht schon gemacht hat

Desmond schaut dir tief in die Augen,
seine leuchten dabei hellblau
Er blinzelt dabei keine Sekunde lang
und hypnotisiert dich zu ihm herbei

Sein kleines Dasein bringt dich zum Lächeln
Du weißt, dass er dich gern hat
Er kann sich sicher sein,
dass du ihm nur Gutes willst

Desmond, mein kleiner Schatz

Kalt

Tränen
sammeln sich
in seinen Augen

Den Grund
behält er für sich

Sie nimmt ihn
so wie er ist

doch das genügt ihm nicht

Irgend wann
wird sich irgend etwas
irgend wo ergeben

dann wird er ohne sie leben

Liebestrunken

Seine Beine zittern
bei ihrem Anblick

Sie weiß ganz genau
was sie bei ihm bewirkt

Er stottert seine Liebe heraus
und hofft, es war nicht vergeben

Sie lächelt ihn triumphierend an,
weiß, er ist ihr voll und ganz ergeben

Zeit

Du sehnst dich
nach seiner Nähe

Träumst von einem
Leben mit ihm

und lässt die Zeit
an dir vorbeigehen

während er
sie genießt

Geständnis

Ich gebe es zu.
Ich konnte dich nicht leiden.
Jeder Gedanke an dich
brachte mich in Rage.

Irgendwann
sah ich dich mit anderen Augen
und erkannte nicht,
was mir geschah

Als ich es besser wusste
war es zu spät
Ich verlor dich aus den Augen
aber niemals aus dem Sinn

Später sah ich dich wieder
und freute mich unendlich
Ich fing an, dich zu verstehen
und verliebte mich erneut

Du wusstest von meinen Gefühlen
aber es ließ dich kalt
Du wolltest, dass ich dich hasse
und du hast es geschafft

Endlos – Ein Traum

Ich stehe
ganz allein
auf einer schmalen Straße
in der Fremde
Die Sonne scheint,
ich spür die warme Luft
auf meinem Gesicht
Das Gestern
ist hinter mir, ich schau sehr lange hin
Die Zukunft liegt vor mir,
ich wähle sie und
gehe langsam los
Unterwegs hebe ich
einen Stein auf
Ich weiß nicht, was man damit anstellt
aber ich will ihn behalten,
weil er sehr schön ist
Ich nehme ihn mit
auf meinen Weg
Denke,
vielleicht nützt er mir später
Unterwegs finde ich
einen viel größeren Stein,
der mir gefällt
Ich lass den kleinen fallen
und hebe den neuen Stein auf
Ich betrachte es von allen Seiten
Weiß, er ist nicht perfekt,
aber ich will ihn behalten,
weil er sehr schön ist
Ich nehme ihn mit
auf meinen Weg

Denke,
vielleicht nützt er mir später
Ich gehe weiter und
stelle bald fest
dass ich nur langsam voran komme
Ich schaue in den Himmel,
die Wolken ziehen sehr schnell vorbei
Ich gehe weiter
und weine vor Schmerz
Der Stein fühlt sich schwerer an,
lässt mich zweifeln
Vielleicht ist es sinnlos, ihn mit mir zu tragen
Aber ich trau mich nicht,
ihn fallen zu lassen,
vielleicht nützt er mich später noch
Ich gehe weiter
und bleibe plötzlich stehen auf dem Weg
vor vielen Gabelungen,
die überall hinführen
Einen neuen Weg einschlagen
oder den alten nehmen?
Sich für den schweren Weg
durch den Wald über Stock und Stein entscheiden?
Oder auf dem sicheren gepflasterten Weg bleiben?
Wie wärs mit dem Weg bergauf?
Oder doch lieber bergab?
Ein neues Leben wartet überall
Ich weiß nicht weiter
und setze mich auf meinen Stein
und will überlegen
Ich schau in den Himmel,
die Wolken ziehen sehr schnell vorbei
Ich weiß, ich muss
mich entscheiden

Ich höre auf mein Herz
und mache den ersten Schritt
Ich möchte etwas Unbekanntes erleben
und wage einen neuen Weg
Ich lass meinen Stein fallen
und gehe in den Wald hinein
Und ich schaue
nicht mehr zurück

Wiederholung

Am ersten Tag
mochte ich dich nicht
Es tat weh,
dich anzusehen

In der zweiten Woche
versuchte ich
dich zu verstehen,
aber ich deutete alles falsch

Im dritten Monat
entdeckte ich eine Schwäche
von dir und ich fand
dich sehr sympathisch

Im vierten Jahr
verliebte ich mich in dich,
aber ich verlor dich
aus den Augen

Im nächsten Jahrzehnt
traf ich dich wieder,
und alles wiederholte sich

Nachts

Ich vermisse das Gefühl,
das deine Gegenwart mir gab

    Lass es mich nicht vergessen

Deine Worte
wiederholen sich
in meinem Kopf

    Sie brechen mir das Herz
    in tausend Stücke

Zählst du deine Tränen
in der Dunkelheit?

    Sie wiegen schwerer als meine

Wahrheit

Die Sonne ist kalt
Der Mond ist eckig

Der Tag ist dunkel
Die Nacht ist hell

Die Maus besiegt die Katze
Der Hund hat keine Flöhe

Das Schwein fliegt
Der Vogel schwimmt

Den Wind kann man zähmen
Die Luft kann man schmecken

Ich mag dich nicht mehr
Es ist leicht, dich zu hassen

Reaktion

Er tanzt zu unserem Lied

Sein Blick
lässt mich nicht atmen

Ich vergesse alles um mich herum

Seine Nähe
lässt mich träumen

Ich möchte die Wahrheit nicht realisieren

Er tanzt zu unserem Lied
mit einer anderen

Liebe

Das Herz schlägt

    schneller

Es tut weh

Der Körper zittert

    stärker

Ich will mehr

Ruhelos

Wortlos verschwinden,
    als ob du um dein Leben rennst

Ein Herz zurücklassen,
    als ob dich jemand jagt

Einen Menschen enttäuschen,
    als ob du daran gewöhnt wärst

Jemanden verletzten, der dich mochte,
    als ob du ihn verlieren wolltest

Ruhelos sein in der dunklen Ecke deines Lebens,
    als ob dich wer Besseres findet

Plan

Ich will,
dass das Gefühl,
das ich habe,
wenn ich an dich denke,
ausstirbt

Ich will
jede Erinnerung
an dich
aus meinem Gedächtnis
löschen

Ich will
dich und deine Lügen
aus meiner Welt
verjagen

Aufgabe

Was ist dein Wort,
wenn es keinen Wert hat

Was ist deine Geschichte,
wenn sie nur erfunden ist

Was ist deine Wahrheit,
wenn sie nicht ehrlich ist

Was ist dein Geheimnis,
wenn sie jeder weiß

Wer bist du,
wenn du nicht du bist

Held

Das Licht
in meiner dunklen Welt

    Er weiß, er ist mein Held

Meine Farbe
in meiner blassen Welt

    Seine Liebe, die er mir erklärt

Meine Wärme
in meiner kalten Welt

    Es genügt, wenn er mich hält

Meine Luft
in meiner drückenden Welt

    Er ist der, der die Welt in Frage stellt

Angst

Ich klopf an deiner Tür
Du machst nicht auf
Aus Angst, dass ich
zu lange bei dir bleibe

Ich verrat dir mein Geheimnis
Du reagierst nicht
Aus Angst, ich würde
dir noch mehr erzählen

Ich komm dir näher
Du weichst zurück
Aus Angst, du würdest mein Herz
spüren und es könnt dir gefallen

Gestern

Er rennt und rennt
und weiß nicht wohin

Er springt über Hürden
und ist stolz auf sein Können

Er nimmt jedes Risiko in Kauf,
der Preis ist ihm gleich

Er genießt jeden Moment
und ist nachts doch allein

Er denkt, er tut niemandem weh
aber vergisst sich selbst dabei

Heute

Gesammelte Tränen
aus Freude
Mit Erinnerungen
aus unserer Zeit
in einem Bad,
in der ich nun
ertrinke
Vor deinen Augen
und ohne deine Stimme
Heute
ist der letzte Tag

Morgen

Warten
voller Sehnsucht

Glauben
all der Lügen

Hoffen
auf ein Happy End

Beenden
einer neuen Freundschaft

vor dem Beginn

Unerwünscht

Jeden Tag
in meinem Kopf

    Ein unerwünschter Gedanke

an dich

Überall
in meinem Herzen

    Ein unerträglicher Schmerz

wegen dir

Jeder Zeit
in meiner Nähe

    Ein ungutes Gefühl

bei jedem Blick auf dich

Abwesenheit

Noch ein Tag
ohne in deinen Augen zu sehen

Noch eine Woche
ohne deine Stimme zu hören

Noch ein Monat
ohne deine Nähe zu genießen

Noch ein Jahr
ohne deine Liebe zu spüren

Noch ein Leben
ohne dich

will ich nicht

Sturm

Spontane Entscheidung
in der Dunkelheit

    Zwei sind
    zusammen allein

Flammende Leidenschaft
füreinander

    Entfacht
    in der Stille der Nacht

Leisen Stimmen
folgen schnelle Atemzüge

    Stürmische Momente
    mit starken Gefühlen

Fesselnde Sekunden
gleichen einer Explosion

Geheimnis

Ich werde dir nie sagen,
wie sehr ich dich liebe

Ich werde dir nie erklären,
warum ich nicht um dich gekämpft habe

Ich werde dir nicht verraten,
wie sehr ich dich immer noch vermisse

Du wirst nie wissen,
was ich alles für dich getan hätte

Du wirst nie erkennen,
wieviel du mir bedeutet hast

Du wirst nie erfahren,
wie oft du mir das Herz gebrochen hast

Und dass ich dich trotz allem immer noch mag,
wird mein größtes Geheimnis sein.